DES PROPOSITIONS D'ACCROISSEMENT

DE LA QUOTITÉ DISPONIBLE

MÉMOIRE LU AU CONGRÈS DES SOCIÉTÉS SAVANTES

A PARIS LE 7 AVRIL 1893

PAR M. HENRI PASCAUD

CONSEILLER À LA COUR D'APPEL DE CHAMBÉRY
CORRESPONDANT DU MINISTÈRE DE L'INSTRUCTION PUBLIQUE
MEMBRE CORRESPONDANT DE L'ACADÉMIE DE LÉGISLATION DE TOULOUSE
MEMBRE DE LA SOCIÉTÉ DE LÉGISLATION COMPARÉE

(Extrait du *Bulletin des sciences économiques et sociales du Comité des travaux
historiques et scientifiques*, année 1893)

PARIS

IMPRIMERIE NATIONALE

M DCCC XCIV

DES PROPOSITIONS D'ACCROISSEMENT

DE LA QUOTITÉ DISPONIBLE

MÉMOIRE LU AU CONGRÈS DES SOCIÉTÉS SAVANTES

A PARIS LE 7 AVRIL 1893

PAR M. HENRI PASCAUD

CONSEILLER À LA COUR D'APPEL DE CHAMBÉRY
CORRESPONDANT DU MINISTÈRE DE L'INSTRUCTION PUBLIQUE
MEMBRE CORRESPONDANT DE L'ACADÉMIE DE LÉGISLATION DE TOULOUSE
MEMBRE DE LA SOCIÉTÉ DE LÉGISLATION COMPARÉE

(Extrait du *Bulletin des sciences économiques et sociales du Comité des travaux historiques et scientifiques*, année 1893)

PARIS

IMPRIMERIE NATIONALE

M DCCC XCIV

DES PROPOSITIONS D'ACCROISSEMENT

DE LA QUOTITÉ DISPONIBLE.

Si dans une société bien réglée, l'homme, sans souci des devoirs privés et sociaux qu'il est tenu d'accomplir, n'avait qu'à exercer les droits qui lui appartiennent, la question de la limitation plus ou moins étroite de la quotité disponible ne se poserait pas. Né essentiellement libre, ayant de par sa nature même un droit primordial à la liberté que les autres hommes sont obligés de respecter en tant qu'elle ne porte pas atteinte à leurs propres droits, il jouirait, pour tous les actes qui ne sont que le légitime usage et le corollaire de cette liberté, de toute l'indépendance et de toutes les prérogatives qu'elle comporte. En ce qui concerne spécialement les objets qu'il se serait définitivement appropriés pour la satisfaction de ses besoins, soit par ses auteurs, soit par lui-même, qu'il aurait faits siens par son travail et qui seraient sans maître au moment de leur occupation, il en disposerait à sa guise. Nul ne pourrait imposer des restrictions à son droit naturel de propriété, à ce *jus utendi et abutendi* qui lui est dévolu dans toute sa plénitude. Durant sa vie comme au moment de sa mort, il aurait la libre et intégrale disposition des biens qui lui appartiennent; il pourrait donner, léguer par acte entre vifs ou testamentaire, sans qu'aucune limite fût fixée à ses libéralités. *Dicat testator et erit lex.* C'était le principe du droit romain primitif, de cette loi des Douze Tables qui, conçue plutôt dans l'intérêt du père que dans celui des enfants, investissait le *paterfamilias* d'un pouvoir absolu de disposition sur son patrimoine et lui permettait d'exhéréder ses enfants, même sans motif. Sous un tel régime, cela est de toute évidence, il ne pouvait y avoir de quotité disponible dans le sens actuel du mot.

Mais l'homme n'a pas seulement des droits à exercer, il a également des devoirs à remplir. A l'égard de ceux de qui il a reçu la vie, il est tenu, en vertu de ces sentiments de piété, d'affection, de reconnaissance, que la nature a déposés dans son cœur, d'assurer leur subsistance pendant leur vie en leur fournissant les aliments nécessaires à leurs besoins s'ils sont dépourvus de ressources. Ce devoir même, loin de s'atténuer au moment de la mort de celui qui doit l'accomplir, reçoit au contraire une extension dont personne ne saurait méconnaître le fondement rationnel : si l'homme ne laisse pas d'enfants, le lien sacré qui le rattache à ses parents lui interdit de les dépouiller entièrement des biens qu'il possède, sur lesquels ceux-ci, tant parce qu'en l'élevant ils lui ont fourni les moyens de se les procurer, que parce qu'il les tient souvent de leurs libéralités, ont, dans une certaine mesure à l'exclusion de tous autres, un droit qu'il serait inique, qu'il serait impie de ne pas leur reconnaître. Vis-à-vis de ceux à qui il a donné le jour, l'homme a des obligations plus strictes encore. Par cela même qu'il engendre un enfant, il assume nécessairement le devoir de l'élever, de pourvoir à son existence dans la période où lui-même n'y peut subvenir, et lorsque celui-ci est arrivé à l'âge adulte, le père ne peut, à son décès, sans violer les lois les plus impérieuses de la nature, se désintéresser de son sort en disposant à titre gratuit d'une manière absolue des biens qui sont sa propriété. L'enfant n'est-il pas le continuateur de sa personne, l'être sorti de son propre sang, que sa conscience lui défend de répudier au profit d'un étranger ?

La violation d'obligations naturelles aussi étroites entraînerait pour la société les plus graves périls. Que deviendrait la famille, cette cellule primordiale de l'organisation sociale, si on ne lui assurait pas les moyens de vivre, de se conserver, de prospérer ? Elle ne tarderait pas à périr, et, par voie de conséquence, la société se dissoudrait à bref délai. L'homme qui fait partie du corps social a donc vis-à-vis de lui le devoir de transmettre à ses enfants une partie de son patrimoine dans l'intérêt de la conservation des familles, et l'ordre public exige que cette transmission s'accomplisse dans une mesure déterminée de façon que les enfants, passant soudainement de la richesse à la pauvreté, ne puissent devenir un embarras et un danger pour la société.

Mais ces obligations, ces devoirs inscrits dans la conscience de l'humanité avant de l'être dans la législation positive, seraient presque toujours fatalement méconnus, étant données la faiblesse, les défaillances, les passions de l'humaine nature. D'où la nécessité d'une sanction légale et de l'intervention du législateur qui, en instituant la réserve dans la plupart des pays civilisés, sauf chez les nations anglo-saxonnes, a frappé d'indisponibilité dans l'intérêt des enfants et de la société une quote-part des biens des parents. Cette mesure n'a porté aucune atteinte au droit de propriété. Car, si la loi ne le crée pas, elle peut assurément le réglementer au profit de l'ordre social. C'est dans ce sens que notre Code civil a dit, art. 544 : «La propriété est le droit de jouir et disposer des choses de la manière la plus absolue, pourvu qu'on n'en fasse pas un usage prohibé par les lois ou par les règlements.»

Nous n'avons à nous occuper ici que de la réserve concernant les enfants. Le quantum de cette réserve a varié selon les mœurs, les nécessités sociales, les régimes politiques même des divers pays. Plus restreint chez les nations à tendances aristocratiques, il s'est quelquefois accru jusqu'à l'excès dans les démocraties. Nous allons rapidement indiquer ce qu'il a été sous la loi romaine, dans notre législation ancienne et notre droit intermédiaire, ce qu'il est chez les principaux peuples civilisés de la période contemporaine et dans la France actuelle, puis nous rechercherons s'il y a lieu de modifier notre quotité disponible, ainsi que le demandent un certain nombre de publicistes et d'économistes.

À Rome, le droit d'absolue disposition conféré au père de famille par la législation primitive ne put se maintenir longtemps intact : quand la nature, les affections du cœur, les liens les plus intimes sont violentés par la loi, tous les nobles sentiments dont s'inspire l'homme ne tardent pas à prendre leur revanche et à briser, par une réaction légitime, le système artificiel qui les méconnaît. Aux enfants qui avaient été indûment exhérédés, le préteur accorda sous le nom de *querela inofficiosi testamenti* une action au moyen de laquelle ils faisaient tomber le testament de leur auteur et recueillaient ensuite toute sa succession *ab intestat*. Mais la mesure était dépassée, car, de la sorte, le *paterfamilias* n'était jamais certain de disposer utilement de son patrimoine. On admit donc que désormais la loi déterminerait la part revenant aux enfants, et que tout le reste des biens du père constituerait la quotité disponible. De là le nom de *légitime* donné à la portion du patrimoine attribuée à l'enfant. Cette légitime fut d'abord fixée au quart de la part héréditaire à laquelle chaque enfant aurait eu droit dans la succession *ab intestat*, quel que fût le nombre des enfants, puis sous Justinien elle fut élevée au tiers de l'hérédité lorsqu'il y avait quatre enfants ou moins, et à la moitié s'ils étaient plus nombreux (novelle 18). L'institution de la légitime n'empêchait pas les parents d'avoir le droit d'exhéréder leurs enfants pour justes causes.

On sait que dans notre ancien droit la France se divisait en provinces de droit écrit et en provinces coutumières. Les premières avaient adopté la législation romaine, et par conséquent la légitime y avait la détermination que nous venons de faire connaître ci-dessus. Quant aux pays de coutumes, ils avaient à la fois la réserve, destinée à régler la transmission héréditaire de certains biens dans les familles, et fixée en général aux quatre quints des propres (coutume de Paris, art. 295), et la légitime qui constituait la part qu'on ne pouvait enlever à chaque enfant. Les parents étaient investis dans les pays de droit écrit du droit d'exhérédation à l'encontre de leurs enfants pour des motifs déterminés.

Dans le ressort de la coutume de Paris, la quotité de la légitime était réglementée en ces termes par l'article 298 de cette coutume : « La légitime est la moitié de telle part et portion que chacun eût eue en la succession desdits père et mère, aïeul ou aïeule, ou autres ascendants, si lesdits père et mère ou autres ascendants n'eussent disposé par donations entre vifs, ou de dernière volonté, sur le tout déduits les dettes et frais funéraux. » Les coutumes d'Orléans, art. 274, de Calais, art. 85, du bailliage de

Saint-Omer, art. 27, avaient adopté la même quotité disponible. Un grand nombre d'autres coutumes, notamment celles de Berry, de Melun, de Vermandois, de la châtellenie de Lille, de Bourbonnais, d'Auvergne, réservaient aux enfants une légitime telle que de droit. Quelle était cette légitime de droit commun? D'après Merlin, la plupart des parlements jugeaient que c'était celle du droit romain. Quelques arrêts cités par lui se référent cependant à la coutume de Paris qui, à leur point de vue, remplissait plus exactement l'objet de la légitime que ne le faisait la novelle 18. Notre ancien droit avait donc déterminé, bien avant la Révolution, la quotité disponible dans des conditions qui présentent une assez grande analogie avec celles adoptées par notre Code civil. De plus, il avait admis au profit des parents l'exhérédation des enfants pour des causes spécifiées dans la loi.

Le droit d'exhéréder les enfants fut supprimé par les législateurs de la période révolutionnaire. Mais bientôt, dépassant toute mesure, dans le but de favoriser le nivellement des fortunes et le morcellement de la propriété, ils réduisirent la quotité disponible aux plus étroites proportions. La loi du 17 nivôse an II (art. 16) ne permit plus de disposer que du dixième de leur fortune à ceux qui avaient des héritiers en ligne directe, et du sixième à ceux qui n'avaient que des héritiers collatéraux. La nouvelle législation suscita les plus vives réclamations, et toutes sortes de fraudes et de manœuvres furent employées pour en éluder les prescriptions. La loi du 4 germinal an VIII ne tarda pas à donner satisfaction à l'opinion publique en édictant une réglementation plus rationnelle de la quotité disponible qui fut fixée au quart des biens quand le disposant laissait à son décès moins de quatre enfants; au cinquième s'il en laissait quatre, au sixième s'il en laissait cinq, et ainsi de suite en comptant toujours, pour déterminer la portion disponible, le nombre des enfants, plus un.

Estimant que le progrès accompli était insuffisant, les rédacteurs du Code civil crurent devoir élargir encore le pouvoir de disposition des père et mère de famille. Pour concilier à la fois les droits des parents, l'intérêt des enfants, l'intérêt de la société, ils augmentèrent la quotité disponible. Aux termes de l'article 913 du Code, elle fut fixée à la moitié des biens du disposant, lorsqu'il n'a qu'un enfant, au tiers, s'il en laisse deux, au quart, quand il en a davantage, quel qu'en soit le nombre. Ce régime est celui sous lequel nous vivons depuis tantôt quatre-vingt-dix ans, et nous aurons à rechercher si les modifications qu'on réclame sont de celles qui s'imposent impérieusement.

Disons-le de suite, s'il existe dans notre pays des partisans de la liberté absolue de tester, ils n'osent guère formuler hautement la revendication d'un tel droit pour le père de famille français. L'équité, la justice, les devoirs des parents, sainement compris, l'intérêt des enfants et de la société, s'opposent également à l'introduction dans nos lois d'un régime qui soulèverait les répugnances de l'opinion publique. L'exemple de l'Angleterre n'est pas de ceux que nous puissions suivre même en en atténuant les effets. Sans doute, elle est arrivée à un haut degré de puissance et de prospérité. Mais sa Constitution, encore toute féodale, admet des institutions qui ne sont pas en harmonie avec nos mœurs démocratiques, mais elle a su se créer des conditions d'existence économiques et sociales dont ne jouissent pas les autres nations. Pour faire place à ses cadets de famille, elle a ses vastes colonies qui couvrent une partie considérable du globe, elle a ce commerce florissant qu'elle développe chaque jour chez tous les peuples de l'univers. Entre la situation de l'Angleterre et celle de la France, il n'y a aucune analogie; notre pays, à tous égards, ne ressemble pas non plus au reste du monde anglo-saxon qui pratique la liberté testamentaire absolue. Les États-Unis et le Canada, notamment, où les ressources comme l'espace sont immenses, régions neuves où c'est l'homme qui fait défaut à la terre et non la terre à l'homme, ne sauraient être mis sur le même pied que la France, vieille de près de quinze siècles, et il est manifeste que celle-ci ne peut s'accommoder d'une législation qui cependant leur est favorable. Laissons donc aux États anglo-saxons la liberté de tester; il ne peut s'en agir chez nous, et nous n'avons à nous préoccuper ici que de l'extension plus ou moins considérable que l'on réclame pour la quotité disponible.

Dans cet ordre d'idées, on a demandé pour le père de famille la libre disposition de la moitié de ses biens, quel que soit le nombre de ses enfants. Pourquoi la France, a-t-on dit, n'adopterait-elle pas un régime qui est celui d'un grand nombre de nations chez lesquelles le progrès social et le développement de la civilisation suivent une évolution rapide et satisfaisante?

Ceci nous amène à étudier la question au point de vue de la législation contemporaine. L'examen que nous ferons des lois des principaux peuples civilisés sera assurément instructif et fécond en enseignements précieux pour la découverte de la solution que nous recherchons.

La Russie est certainement le pays du monde qui, pour régler le droit de disposition des parents, s'est le plus attaché à la conservation du patrimoine dans les familles. Ainsi, les biens qui en proviennent, sans doute en vertu du vieux droit de copropriété familiale dont nous retrouverons la trace dans d'autres législations, sont frappés d'une indisponibilité complète lorsque le testateur laisse des enfants. S'il n'en a pas, il peut, sans tenir compte du degré de parenté le plus proche, léguer ses biens à l'un des membres de la famille de laquelle ils viennent. Quant à l'avoir qu'ils n'ont pas trouvé dans l'héritage de leurs ancêtres, mais qu'ils ont personnellement acquis, les père et mère en ont généralement la libre disposition dans la plus grande partie de l'Empire (V. *Éléments de droit civil russe*, t. II, d'Ern. Lehr). Ces règles cependant reçoivent une exception dans trois provinces. En Esthonie et en Livonie, le testateur, s'il a de jeunes enfants, non encore élevés, dépourvus de biens héréditaires et incapables de suffire par eux-mêmes à leur entretien et à leur éducation, est tenu de leur laisser ce qui leur est nécessaire pour subvenir à leurs besoins pendant tout le temps où eux-mêmes sont hors d'état d'y pourvoir (Code baltique, art. 2001). En Courlande, il existe au profit des héritiers *nécessaires*, parmi lesquels figurent en première ligne les descendants, une réserve qui est du tiers de la succession *ab intestat*, s'il n'y a que quatre héritiers ou moins, et de la moitié de cette part, lorsqu'il y en a cinq ou un plus grand nombre (art. 2003, 2007 et 2012, C. baltique) L'exhérédation n'existe pas dans le droit civil russe proprement dit (*Éléments de droit civil russe*, d'Ern. Lehr, t. II, p. 17). Elle a lieu, pour les causes prévues par la loi et expressément indiquées par le testateur, en Livonie, lorsqu'elle s'applique à des biens provenant du patrimoine de la famille; en Esthonie, lorsqu'il s'agit de biens héréditaires, et en Courlande, quand on doit l'appliquer à un héritier réservataire (art. 2014, 2015, C. baltique).

Le droit germanique admet aussi l'existence d'héritiers *nécessaires* descendants et ascendants. En Autriche, la réserve de chaque enfant s'élève à la moitié de ce qui lui serait échu *ab intestat*. Néanmoins il peut y avoir lieu à exhérédation *ex certis causis* (Code autrichien de 1811, art. 762-767, 768). Dans la Saxe, la réserve des descendants est fixée à la moitié quand ils sont cinq ou davantage, et s'ils sont quatre ou moins de quatre, au tiers de ce qu'ils auraient recueilli en l'absence de testament et de pacte successoral (Code royal saxon, art. 2564). L'exhérédation pour motifs déterminés par la loi est permise (art. 2575 du même code). En Prusse, le Code civil de 1795, art. 392, reconnaît aux enfants le droit à une légitime dont le montant est du tiers de ce qu'ils auraient recueilli dans la succession *ab intestat* s'il n'y a qu'un ou deux enfants, la moitié s'il en existe trois ou quatre, le tiers quand il en existe un plus grand nombre. La loi détermine même les cas d'indignité successorale (art. 49 et suiv.), mais elle ne prévoit pas l'exhérédation.

Le Code bavarois de 1756 accorde aux *héritiers nécessaires*, notamment aux descendants, une légitime qui comprend le tiers de la succession s'il y a moins de cinq enfants, et la moitié si le disposant en laisse cinq ou plus (art. 14, 15). Les enfants peuvent être exhérédés pour les causes prévues par la loi (art. 16, 17).

Le projet de Code civil allemand, qui va unifier la quotité disponible comme les autres règles du droit, fixe le quantum de la réserve à la moitié de la valeur de la part héréditaire; mais, à la différence de notre législation, la légitime ne donne qu'un droit de créance contre l'héritier et non un droit sur une partie des choses qui composent la succession (§ 1975, 1976). Cette disposition est remarquable en ce sens qu'elle permettra d'éviter le morcellement des biens, que l'on a tant reproché à notre Code civil de favoriser à l'excès. Sous le nom de retrait de la réserve, l'exhérédation pour motifs déterminés est permise (§ 2001-2003).

Le Code des Pays-Bas de 1838 (art. 961) fixe la légitime à la moitié des biens, lorsqu'il n'y a qu'un enfant, aux deux tiers si le testateur en laisse deux, aux trois quarts s'il y en a trois ou davantage. Ce sont exactement les mêmes proportions que celles adoptées par la loi française, et le Code néerlandais n'admet que des cas d'indignité. En Suisse, la législation varie de canton à canton. Ne pouvant suivre dans toute l'étendue de la Confédération les fluctuations de la quotité disponible, nous nous bornerons à en faire connaître le montant pour quelques cantons.

D'après le Code vaudois de 1821, art. 573, les libéralités soit par acte entre vifs, soit par disposition à cause de mort, ne peuvent excéder la moitié des biens du disposant, s'il laisse des enfants ou descendants légitimes, quel que soit le nombre de ces enfants. La portion non disponible des biens forme la légitime des enfants. Il n'y a pas d'exhérédation, mais seulement divers cas d'indignité (art. 514).

Dans le canton de Soleure, les père et mère qui laissent des descendants ne peuvent disposer que du quart de leur patrimoine, quel qu'en soit le nombre (art. 566). Les parents n'ont pas le droit d'exhéréder leurs enfants.

A Glaris, le nouveau Code civil adopté en 1870 édicte que si le défunt laisse des descendants légitimes, son droit de disposition est limité à 15 p. 100 de la fortune nette qu'il possède au jour de son décès. Encore faut-il, s'il veut gratifier de la quotité disponible un de ses héritiers au lieu d'un étranger, qu'il obtienne le consentement de tous ses autres héritiers (art. 333). Certes, voilà une disposition originale qui, dans le cas particulier qu'elle vise, doit bien souvent entraver l'attribution de la quotité disponible à un membre de la famille. Le législateur n'a pas prévu l'exhérédation.

Dans le canton de Bâle-Ville, la loi du 10 mars 1884, art. 50, permet au défunt qui laisse des descendants de disposer d'une part d'enfant, sans que cette disposition, dans aucun cas, puisse excéder le quart de la succession. Aux termes des articles 53 et 54, les enfants peuvent être exhérédés pour causes déterminées.

Le Code civil du canton de Zurich, de 1887, dans son article 970, n'attribue au *de cujus* qu'une quotité disponible du quart de ses biens; n'y eût-il qu'un enfant, la réserve se trouve ainsi invariablement fixée aux trois quarts de la succession. On peut sans doute trouver que le pouvoir de disposition des parents est singulièrement restreint. Cela tient aux principes du vieux droit germanique qui, admettant dans toute sa rigueur le *condominium familiæ*, n'a pas permis jusqu'au xiii° siècle au défunt de disposer d'une portion quelconque de son patrimoine, et a considéré depuis cette époque la création d'une quotité disponible comme une exception à la règle. L'héritier peut être exclu de la réserve pour des motifs prévus par la loi, sauf au testateur à les énoncer expressément (art. 976, 977).

Il est du reste des cantons comme ceux de Schwitz et d'Unterwald (Ol-

walden) où la quotité disponible est nulle, s'il y a des enfants légitimes;
d'autres, notamment Appenzell, où elle n'est que de 2 p. 100, Unterwald
(Nidwalden) où elle est limitée au vingtième des biens patrimoniaux et au
dixième des acquêts. Ces restrictions au pouvoir des parents sont beaucoup
trop étendues, nous n'avons pas besoin de le dire, et ce n'est pas en sacri-
fiant les droits des uns aux droits et intérêts des autres qu'on peut arriver
à les concilier par une détermination vraiment équitable de la quotité disponible. La copropriété de famille, pas plus que le droit d'absolue disposition, ne peuvent servir de base à un régime successoral rationnel. Quant
au droit d'exhérédation, les renseignements assez sommaires que nous avons
recueillis ne nous permettent pas de dire s'il est pratiqué dans les petits
cantons dont nous venons de parler.

En Italie, le Code civil de 1865 fixe le montant de la quotité disponible
à la moitié des biens du testateur s'il laisse des enfants à son décès, quel
que soit leur nombre. Il est muet en ce qui touche l'exhérédation, et ne
prévoit que des cas d'indignité.

Aux termes du nouveau Code civil espagnol de 1888-1889 (art. 807,
808), les enfants ont droit à une légitime des deux tiers de la succession
paternelle ou maternelle, mais sous cette réserve que les parents ont droit
de se servir du second tiers pour avantager les uns ou les autres de leurs
enfants, tandis qu'ils ne peuvent disposer du troisième tiers qu'au profit
d'étrangers. L'exhérédation peut avoir lieu pour les causes déterminées par
la loi et aussi dans tous les cas d'indignité (art. 848, 849, 756, 853).

Le projet de Code civil hongrois fixe la réserve des enfants, sans tenir
compte de leur nombre, à la moitié de leur part héréditaire (*Annuaire de
législation étrangère*, 1885, p. 307). L'analyse du projet ne dit rien en ce
qui touche l'exhérédation.

Le Mexique a réformé en 1884 son Code civil en ce qui touche le droit
de disposition des parents. Influencé sans doute par les principes de la législation anglo-saxonne en vigueur aux États-Unis, ses voisins, il admet la
liberté de tester, sous la réserve toutefois que les père et mère devront laisser des aliments à leurs descendants mâles mineurs de vingt et un ans, à
leurs descendants mâles majeurs de vingt-cinq ans qui sont dans l'impossibilité de se livrer à un travail quelconque, à leurs filles, quel que soit leur
âge, quand elles n'ont pas contracté mariage et vivent honnêtement
(art. 3223 et 3224). Les enfants sont donc purement et simplement ré-
duits à des aliments, et cette loi fait litière des devoirs des parents et de
l'intérêt social au profit de droits trop absolus et trop exorbitants pour être
véritablement légitimes.

La République Argentine (Code civil de 1870) s'est placée à un point
de vue également extrême en sens opposé. Comme en droit romain, elle
admet l'existence d'héritiers nécessaires ayant droit à une légitime parmi
lesquels sont compris les descendants. Lorsque des enfants existent, quel

qu'en soit le nombre, la quotité disponible n'est que du cinquième de la succession.

Rien, ainsi qu'on le voit, n'est moins uniforme que la quotité disponible. Tandis que dans certains États, en Autriche, en Italie, dans le canton de Vaud, dans l'Empire allemand, en Hongrie, elle est ou sera avant peu de la moitié de la succession, dans les Pays-Bas, dans la République Argentine, dans nombre de cantons de la Suisse, elle reste inférieure à ce quantum. Sans doute l'exemple et la pratique d'importantes nations en cette matière ne laissent pas d'avoir une considérable influence sur les réformes à introduire dans une autre législation; l'expérience prolongée d'un régime spécial, le défaut de protestations contre ses résultats, son fonctionnement paisible et continu, prouvent à l'évidence qu'il n'a rien d'impraticable, rien de dangereux pour les peuples chez lesquels il est en vigueur, et constituent en quelque sorte un préjugé qui lui est assurément favorable. En résulte-t-il toutefois nécessairement que des modifications de même nature doivent être implantées dans un milieu social comme le nôtre où les idées d'équité civile, d'égalité entre les divers membres de la famille ont pénétré si profondément dans la conscience française, où la conception de l'intérêt social, des droits et des devoirs des parents est si différente de ce qu'elle est chez les peuples que nous venons de citer? Il serait téméraire de l'affirmer. Aussi bien les partisans de l'extension de la quotité disponible à la moitié de la fortune des père et mère, quel que soit le nombre de leurs enfants, invoquent-ils à l'appui de leur opinion des arguments plus solides, en apparence du moins.

Il faut, disent-ils, armer l'autorité paternelle de droits plus considérables afin qu'elle puisse se faire respecter et obéir plus aisément; il faut également qu'à chaque génération, grâce à nos partages par trop égalitaires, l'œuvre du père de famille, le commerce, l'industrie, les entreprises qu'il a fondés et fait prospérer au prix des plus grands efforts ne soient pas exposés à périr, impitoyablement dépecés par notre législation successorale; il faut encore mettre fin à un régime dont l'effet, par suite de calculs égoïstes et systématiques, ne tend à rien moins qu'à la dépopulation plus ou moins rapide de notre pays.

Sans doute il est nécessaire que dans la famille le chef obtienne le respect et l'obéissance auxquels il a droit de par les lois de la nature et la législation positive. Cette vérité élémentaire est de celles qui s'imposent à tous les esprits sérieux, dans l'intérêt bien compris de l'ordre social. Mais est-il indispensable, pour parvenir à ce résultat, d'accroître la quotité disponible? Nous ne le croyons pas, et nous protestons énergiquement contre une réforme qui blesserait les sentiments dont s'inspire depuis près d'un siècle la grande majorité des Français.

Profondément inique et contraire aux lois de la nature, cette réforme serait viciée dans son principe, par cela seul qu'elle se heurterait à cette égalité d'affection que, dans la plupart des cas, le père éprouve pour tous ses enfants indistinctement. En fait, elle aboutirait en maintes circonstances aux conséquences les plus exorbitantes. Tandis que l'enfant préféré serait dans l'opulence, tous les autres auraient à lutter contre une gêne pénible. Ils travailleraient, dit-on, et l'on aurait moins souvent sous les yeux le spectacle de ces existences oisives si funestes à elles-mêmes et à la société. Ce raisonnement n'a rien de bien topique; tant que le monde existera, quels que soient les droits du père de famille en matière de quotité disponible, nous serons trop souvent exposés à voir s'étaler sous nos yeux les abus de la richesse. D'ailleurs pour travailler fructueusement, étant données l'intensité de la concurrence actuelle et l'âpreté de la lutte pour la vie, il faut, dans les circonstances normales, avoir un point d'appui pécuniaire suffisant, à l'aide duquel on puisse améliorer sa situation. Ce n'est qu'exceptionnellement qu'on parvient à se créer une position avantageuse sans ces ressources originaires qui sont comme le levier avec lequel on soulève et renverse les obstacles.

On objectera peut-être que cette argumentation ne prouve rien parce qu'elle n'est pas applicable à une extension modique, après tout, de la quotité disponible et ne peut concerner que sa suppression pure et simple. La réponse est aisée : supposons un père de famille qui laisse à son décès une fortune de 10,000 francs et cinq enfants; s'il peut disposer librement de la moitié de son patrimoine, rien ne l'empêchera de léguer à celui d'entre eux qu'il préférera les 5,000 francs dont il privera les autres. Que deviendront ces derniers? Habitués à une aisance relative, n'ayant à leur disposition qu'un capital insuffisant, ils ne pourront vraisemblablement ni comme commerçants se livrer à un modeste négoce, ni comme artisans exercer une petite industrie. Il ne leur restera plus que le travail à la journée avec ses aléas et ses intermittences. Pour les employés de second ordre, pour les membres de la petite bourgeoisie, la situation ne sera pas meilleure. L'accroissement de la quotité disponible constituera, en ce qui les concerne, dans bien des cas la cause d'une irrémédiable déchéance. S'est-on demandé ce que deviendraient ces malheureux enfants ainsi dépouillés d'une portion importante du patrimoine de leurs parents? Ils iraient grossir l'armée déjà si nombreuse des déclassés, et devenus de véritables parias dans la catégorie sociale à laquelle ils appartenaient originairement, ils constitueraient pour la société qui les traiterait en marâtre une menace permanente et souvent un redoutable péril.

Est-on bien sûr d'ailleurs que la réforme proposée produirait les bienfaisants effets qu'on en attend? Dans l'état actuel de nos mœurs et de nos habitudes de plus en plus favorables à l'égalité entre enfants, une modification à nos lois successorales serait difficilement acceptée par l'opinion publique, et dès lors les parents eux-mêmes hésiteraient à s'en servir. Plus que jamais on les verrait renoncer dans le contrat de mariage du premier de leurs enfants qui s'établirait, ainsi que cela se pratique fréquemment de nos jours, à la faculté de disposer de la quotité disponible en faveur des autres. A supposer que les père et mère, dans l'intérêt de leur autorité, voulussent profiter de la réforme, la nouvelle législation produirait les fruits les plus amers. La haine et les conflits seraient installés en permanence au foyer de la famille, et les parents, en butte aux manœuvres hypocrites des enfants, en viendraient à dépouiller le plus capable pour avantager le plus obséquieux. Avant de former des familles patriarcales dont les rejetons se répandent au dehors comme de vigoureux essaims, attachons-nous à constituer des familles unies dont les membres rassurés sur leurs légitimes intérêts, vivant dans le calme et la paix, soient les défenseurs de l'ordre social et non ses ennemis.

Ce n'est pas du reste au moyen d'un accroissement de la quotité disponible que l'on reconstituera sur des bases plus solides l'autorité paternelle et la famille. L'influence des lois est inefficace quand les mœurs ne sont pas en harmonie avec elles. L'esprit familial, dit-on, s'éteint chaque jour. On doit en conséquence s'efforcer de le faire revivre dans ce qu'il avait de bon. Il faut que désormais l'enfant ait pour ses père et mère ces sentiments de crainte affectueuse et de respect qui n'enlèvent pas aux rapports entre enfants et parents la liberté et la spontanéité si nécessaires au sein de la famille, mais qui excluent la familiarité exagérée et cette espèce de camaraderie destructives de l'autorité paternelle, trop fréquentes à notre époque. Ces sentiments, il ne suffit pas de les soumettre à une règle législative comme celle de l'article 371 du Code civil, il est nécessaire de les inspirer aux enfants, et c'est en quoi consiste la partie délicate de la tâche qui incombe aux parents. Ils n'y réussiront que par leurs conseils et surtout que par leur conduite. En surveillant aussi attentivement que possible l'éducation de leurs enfants, au lieu de les abandonner aux hasards de la rue ou aux mains des domestiques, en cultivant leur esprit et leur cœur dans la mesure que comportent leur position sociale et leurs occupations, ils sauront conquérir la respectueuse affection de ces jeunes êtres trop intelligents pour ne pas rendre amour et respect à ceux qui les aiment et qui le leur prouvent par des soins continus. Cette salutaire direction, dorénavant donnée aux agissements des père et mère si souvent absorbés aujourd'hui par leurs affaires ou par leurs plaisirs, est de nature, plus qu'une extension quelconque de la quotité disponible, à rendre au pouvoir paternel le prestige et l'autorité qui sont si nécessaires dans l'intérêt de l'ordre social.

Le second grief que l'on invoque contre le régime du Code civil, c'est qu'il détermine le fractionnement excessif des fortunes et le morcellement du patrimoine paternel. Le reproche peut être fondé dans une certaine mesure; nos partages ultra-égalitaires ne permettent pas toujours aux père et mère de famille de voir continuer par un de leurs enfants l'œuvre à laquelle ils ont consacré leur vie entière, l'entreprise industrielle ou agricole pour laquelle ils n'ont ménagé ni leurs soins, ni leurs peines. Au décès des parents, les enfants réclament leur part en nature; il faut diviser le patrimoine, fractionner le fruit de trente ou quarante années de travail, et si le partage ne peut s'effectuer par suite d'une impossibilité matérielle ou d'une trop grande dépréciation, on est obligé de recourir à une licitation dont trop souvent le résultat définitif est de faire passer à un étranger ce qui aurait dû rester dans la famille. Ces considérations, qui sont celles dont se prévalent les économistes, ne sont pas sans importance. Cependant, si l'on veut bien envisager la question sous toutes ses faces, on se convaincra qu'au point de vue de la stricte équité elles ne sauraient l'emporter sur les droits et les intérêts des enfants vis-à-vis desquels les parents ont contracté la plus impérieuse des dettes, celle de leur assurer à leur décès les meilleures conditions d'existence possibles. Sous un autre rapport, la société est-elle plus intéressée à ce qu'il existe de grosses fortunes, à ce que le père de famille soit assuré de trouver en toutes circonstances des continuateurs de son œuvre, qu'à ne pas abriter dans son sein des multitudes de besogneux? Il semble que la réponse ne peut être douteuse lorsqu'on songe aux dangers de toutes sortes qu'ils lui feraient courir.

Mais est-ce bien à la détermination actuelle de la quotité disponible qu'il faut imputer les fâcheux résultats que l'on a signalés? Nous sommes loin de le croire. Bien que nous ayons critiqué ci-dessus nos partages en les qualifiant d'ultra-égalitaires, nous n'entendons pas provoquer leur réforme en réclamant l'extension du pouvoir de disposition des parents; nous n'avions en vue que le mode défectueux adopté par la loi pour réglementer la division des hérédités entre les ayants droit. Les articles 826 et 832 du Code civil accordent, en effet, à chacun des cohéritiers le droit de demander sa part en nature des meubles et immeubles de la succession, mais dans la formation et composition des lots, on doit éviter, autant que possible, de morceler les héritages et de diviser les exploitations, et il convient de faire entrer dans chaque lot, s'il se peut, la même quantité de meubles, d'immeubles, de droits ou de créances de même nature et valeur. L'interprétation de ces textes a été généralement beaucoup trop judaïque; la plupart des tribunaux, mus par le respect littéral de la loi, n'en ont pas suffisamment appliqué l'esprit, et, dans le but de ne pas attribuer des soultes trop importantes à quelques-uns des cohéritiers à la place des parts plus considérables auxquelles ils auraient eu droit en nature, ont admis la légitimité de ces fractionnements excessifs d'immeubles que le législateur cependant avait semblé proscrire. Les dispositions de la loi ne sont pas, d'ailleurs, sans comporter quelque équivoque tant au point de vue des règles qui régissent la composition des lots, que de la possibilité de leur application aux partages d'ascendants. Sous ce dernier rapport, certains esprits soutiennent encore que la jurisprudence a aggravé les inconvénients de notre législation et qu'elle n'aurait pas dû appliquer, comme elle fait, les articles 826 et 832 aux partages opérés par le père de famille en vertu des articles 1075 et 1076 de notre Code civil. Cette doctrine est-elle exacte? Nous croyons qu'il serait par trop ardu de la discuter ici, et qu'il vaut mieux conclure à la réforme des prescriptions des articles 826 et 832. Aussi bien cette proposition n'est pas nouvelle; bien souvent on a réclamé leur modification, et nombre de projets de loi présentés dans ce but attendent encore la discussion approfondie qu'ils méritent. En dépit de ces retards, une chose est incontestable, c'est que les dispositions de notre loi civile présentent de sérieux inconvénients à raison de l'égalité exagérée à laquelle elles soumettent les lots destinés aux copartageants, et qu'il est temps d'apporter enfin un remède à une situation dont les conséquences économiques vraiment regrettables peuvent s'accroître chaque jour.

A notre sens donc, il y aurait lieu de procéder immédiatement à la réforme radicale des articles du Code civil réglant la formation des lots. Pourquoi le législateur ne décréterait-il pas que tout copartageant pourrait être alloti soit en nature, soit en argent? L'attributaire ne courrait ainsi aucun risque, puisqu'il a la faculté d'inscrire son privilège sur les immeubles de la succession pour la garantie de ses droits. On dira certainement que l'argent offre moins d'avantages que la propriété immobilière, que généralement celle-ci augmente de valeur avec le temps, tandis que l'argent perd son prix par suite de la diminution du taux de son loyer et de l'amoindrissement de son pouvoir d'acquisition. Cela paraît vrai, mais rien n'empêchera l'alloti d'employer en achat d'immeubles les fonds qui lui reviennent dans le partage. Le système que nous préconisons est moins absolu dans son ensemble que celui du projet de Code civil allemand, puisqu'il n'admet pas qu'en tout état de cause les autres copartageants n'auront qu'un droit de créance contre l'héritier qui succédera aux biens. Il aboutira cependant dans bien des cas aux mêmes conséquences. Aussi ne serions-nous pas éloigné de nous rallier à la théorie allemande, pour peu qu'on la trouve plus logique et plus pratique.

Certains publicistes ont cru constater entre la richesse des individus et leur puissance de procréation une coïncidence à laquelle ils n'ont pas manqué d'attribuer arbitrairement une relation de cause à effet. L'augmentation des ressources, le développement des subsistances ne favorisent pas toujours, en effet, l'accroissement des naissances, et en France, particulièrement, depuis un certain nombre d'années, il semble que leur nombre n'est pas en rapport avec la prospérité générale. De là contre le régime du Code civil des protestations indignées; il est immoral dans ses conséquences, désastreux dans ses résultats. Si une réforme n'intervient pas à bref délai, c'en est fait de la patrie française que l'élément germanique et l'élément anglo-saxon avec leur exubérante population ne tarderont pas à annihiler dans le monde entier.

Il est possible, à la vérité, que le bien-être contemporain rende les chefs de famille plus soucieux de leurs jouissances égoïstes que du soin de donner des défenseurs au pays; il arrive certainement aussi que les parents, obéissant aux suggestions de l'affection paternelle, en vue d'assurer à leurs enfants une situation sociale analogue à la leur, se livrent à des calculs qui prêtent à la critique. Mais pour que ces faits eussent l'importance qu'on y attache, il faudrait démontrer que plus on est pauvre, plus on a d'enfants, en vertu d'une de ces lois mystérieuses que l'on n'a pu encore approfondir. Et c'est ce qu'on ne fait pas. Aussi bien, si notre pays est intéressé à voir sa population s'accroître dans une large mesure, il n'y a pas lieu de désirer qu'il devienne une nation de prolétaires. C'est d'ailleurs une hypothèse fort gratuite que d'imputer notre dépopulation relative à notre législation successorale. Le législateur de 1804 n'est pas aussi coupable qu'on le prétend, le Code civil doit être absous des torts qu'on lui attribue. Il suffit, pour s'en convaincre, de porter nos regards du côté de notre frontière du Nord. Est-ce que la Belgique et les Pays-Bas ne sont pas soumis, au point de vue de la quotité disponible, au même régime que nous? Et cependant, tandis que chez nous la population demeure stationnaire, dans ces deux pays elle s'accroît constamment, ainsi que le prouvent les chiffres suivants tirés des statistiques belges et néerlandaises. Le 31 décembre 1866 la population de la Belgique était de 4,827,833 habitants; dix ans après, de 5,336,185 habitants; à la fin de 1880 le nombre des habitants s'élevait à 5,520,009, et le 31 décembre 1890 à 6,147,041. D'après les calculs qui ont été faits, la moyenne de l'augmentation annuelle était de 45,956 habitants, ce qui porte la période de doublement de la population à quatre-vingt-deux ans avant le dernier recensement, période qui a diminué de durée de 1880 à 1890 par suite d'une moyenne annuelle d'augmentation de 62,703 habitants. Quant à la Hollande, l'accroissement moyen annuel des huit dernières années a été, d'après les registres de la population, de 42,934 habitants. De 1885, où la population s'élevait à 4,278,272, à 1892, le nombre des habitants a atteint un total de 4,621,744 habitants. Que conclure de ces renseignements précis, sinon que la cause du petit nombre des naissances françaises est complètement étrangère aux lois qui régissent les partages successoraux?

Telles sont les considérations principales que l'on peut faire valoir en faveur du maintien de l'état de choses actuel en ce qui concerne la quotité disponible. Les auteurs du Code civil, pour l'œuvre desquels on ne saurait nous taxer d'admiration systématique, puisqu'à maintes reprises, dans cette enceinte même, nous avons signalé les réformes que selon nous, à certains égards, elle comporte, ont su réagir sans exagération contre les errements de la période révolutionnaire; ils ont inauguré un régime qui se rapproche par beaucoup d'analogies de notre vieux droit coutumier; ils ont enfin trouvé moyen de concilier avec une sage pondération les droits des parents et leurs devoirs, l'intérêt des enfants et l'intérêt de la société.

Pourquoi, dès lors, un changement de législation devrait-il intervenir? Les lois étant, selon la belle définition de Montesquieu, «les rapports nécessaires qui dérivent de la nature des choses», il ne faut les modifier que si elles n'ont pas suffisamment tenu compte de ces rapports, ou lorsque ces rapports ont changé avec les variations des mœurs, des nécessités sociales ou politiques. En est-il ainsi? C'est ce que l'on ne peut admettre si l'on pense comme nous que le Code civil confère aux parents un pouvoir de disposition assez grand pour sauvegarder leur autorité, qu'il assure aux enfants les ressources indispensables pour faire face aux dures nécessités de la vie, que nos habitudes répugnent tellement à une extension de la quotité disponible que le plus souvent on n'use pas du droit conféré par la loi, et qu'on y renonce même formellement dans les contrats de mariage ou autres actes. Le Code civil eût-il mérité en partie les reproches qu'on lui adresse au sujet du morcellement des fortunes, qu'il suffirait, pour le rendre irréprochable dans cet ordre d'idées, de réformer les articles 826 et 832 dans le sens que nous avons indiqué ci-dessus. Qu'on se hâte donc de le faire, et alors notre législation, rajeunie par cette opportune modification, pourra encore, durant de longues années, abriter sous ses dispositions sagement tutélaires le développement et la propriété d'un pays qui a pu subir de pénibles épreuves, mais qui s'est toujours montré plein de foi dans son impérissable avenir.